Winter Wonderland: Bilingual Norwegian-English Short Stories for Kids

Coledown Bilingual Books

Published by Coledown Bilingual Books, 2023.

While every precaution has been taken in the preparation of this book, the publisher assumes no responsibility for errors or omissions, or for damages resulting from the use of the information contained herein.

WINTER WONDERLAND: BILINGUAL NORWEGIAN-ENGLISH SHORT STORIES FOR KIDS

First edition. September 10, 2023.

ISBN: 979-8223554578

Written by Coledown Bilingual Books.

Table of Contents

Vintermagi i Norge

Det var en gang i Norge, en vakker vinterdag da snøen hadde lagt seg som et mykt teppe over landskapet. Mia og Max, to nysgjerrige søsken, våknet tidlig om morgenen med spenning i øynene. De visste at denne dagen ville være spesiell.

Foreldrene deres hadde fortalt dem om et magisk sted dypt inne i skogen. Det var en innsjø omringet av høye trær, og om vinteren ble den til et skøyteparadis. Mia og Max hadde aldri vært der før, men de hadde drømt om det i månedsvis.

De kledde seg i de varmeste vinterklærne, tok med seg skøyter og en kurv med deilige smørbrød og kakao. Deretter trasket de inn i skogen, hvor snøen knirket under føttene deres.

Etter en lang og spennende tur kom de endelig frem til innsjøen. Den var helt frossen, og isen skinte som diamanter i sollyset. Mia og Max spente på skøytene og begynte å gli over isen. Det føltes som om de svevet på luftputer.

De lekte, lo og skøytet rundt på innsjøen hele dagen. De møtte til og med noen dyrevenner, som en vennlig rødrev og en nysgjerrig ekorn som kom for å se på.

Da solen begynte å gå ned, fant de en koselig plass ved bredden av innsjøen. De tente et bål og nøt smørbrødene og varm kakao. Mens de stirret opp på den stjernespekkede vinterhimmelen, visste de at denne dagen var noe de aldri ville glemme.

Til slutt, med hjertene fulle av glede og magi, returnerte Mia og Max hjem. De visste at vinteren hadde mye mer å by på, og de gledet seg til nye eventyr.

Winter Magic in Norway

Once upon a time in Norway, on a beautiful winter day when the snow had laid itself like a soft blanket over the landscape, Mia and Max, two curious siblings, woke up early in the morning with excitement in their eyes. They knew that this day would be special.

Their parents had told them about a magical place deep in the forest. It was a lake surrounded by tall trees, and in winter, it turned into a skating paradise. Mia and Max had never been there before, but they had dreamed about it for months.

They dressed in their warmest winter clothes, brought their skates, and a basket of delicious sandwiches and cocoa. Then they trudged into the forest, where the snow crunched beneath their feet.

After a long and exciting journey, they finally arrived at the lake. It was completely frozen, and the ice sparkled like diamonds in the sunlight. Mia and Max laced up their skates and started gliding across the ice. It felt like they were floating on air cushions.

They played, laughed, and skated around the lake all day long. They even met some animal friends, like a friendly red fox and a curious squirrel who came to watch.

As the sun began to set, they found a cozy spot by the lake's edge. They lit a fire and enjoyed the sandwiches and hot cocoa. While gazing up at the starry winter sky, they knew that this day was something they would never forget.

In the end, with hearts full of joy and magic, Mia and Max returned home. They knew that winter had many more adventures in store, and they looked forward to new ones.

Det Magiske Snøkrystall-Eventyret

Det var en gang en liten bjørn ved navn Bjørnar som bodde i de dype, snødekte skoger i Norge. Bjørnar var en nysgjerrig liten bjørnunge som elsket vinteren mer enn noe annet. Han ventet alltid spent på den første snøen som skulle falle, for det var når det magiske snøkrystall-eventyret begynte.

Hver vinter, når den første snøen dekket skogen, ville Bjørnar våkne tidlig om morgenen og løpe ut for å lete etter de spesielle snøkrystallene. Disse snøkrystallene var ikke som vanlig snø; de hadde glitrende farger og magiske egenskaper.

En kald vintermorgen, mens Bjørnar var ute og lekte, hørte han en svak, melodisk sang som kom fra en tett skog. Nysgjerrig som alltid, fulgte han lyden og oppdaget en gruppe små, glitrende feer som danset rundt en glitrende snøkrystall.

"Velkommen, Bjørnar," sa den eldste feen. "Vi er vinterfeene, og vi beskytter de magiske snøkrystallene."

Bjørnar ble sjarmert av vinterfeenes vennlighet og skjønnhet. De forklarte at hvert snøkrystall hadde en unik gave, og hvis noen fant dem, måtte de bruke gaven til å hjelpe andre. Bjørnar lovte å gjøre nettopp det.

Fra den dagen begynte Bjørnar sitt eget eventyr. Han brukte snøkrystallenes magi til å hjelpe dyrene i skogen og menneskene i nærliggende landsbyer. Han helbredet syke dyr, hjalp til med å finne bortkomne ting, og brakte glede til alle rundt seg.

Bjørnar lærte at den sanne magien i vinteren var ikke bare i snøen og snøkrystallene, men også i hjelpen og kjærligheten vi delte med hverandre. Vinteren i Norge ble aldri den samme igjen, fordi Bjørnar og vinterfeene hadde fylt den med magi og varme.

Og så, når våren kom, og snøen begynte å smelte, danset Bjørnar og vinterfeene sammen en siste gang før de forsvant, med løftet om å komme tilbake neste vinter for et nytt magisk snøkrystall-eventyr.

The Magical Snowflake Adventure

Once upon a time, there was a little bear named Bjørnar who lived in the deep, snow-covered forests of Norway. Bjørnar was a curious little bear cub who loved winter more than anything else. He always eagerly awaited the first snowfall because that's when the magical snowflake adventure began.

Every winter, when the first snow blanketed the forest, Bjørnar would wake up early in the morning and rush outside to search for the special snowflakes. These snowflakes were not like ordinary snow; they had sparkling colors and magical properties.

One cold winter morning, while Bjørnar was playing outside, he heard a faint, melodious song coming from a dense forest. Curious as always, he followed the sound and discovered a group of tiny, sparkling fairies dancing around a glittering snowflake.

"Welcome, Bjørnar," said the eldest fairy. "We are the winter fairies, and we protect the magical snowflakes."

Bjørnar was charmed by the winter fairies' kindness and beauty. They explained that each snowflake had a unique gift, and if someone found them, they had to use the gift to help others. Bjørnar promised to do just that.

From that day on, Bjørnar began his own adventure. He used the magic of the snowflakes to help the animals in the forest and the people in nearby villages. He healed sick animals, helped find lost things, and brought joy to everyone around him.

Bjørnar learned that the true magic of winter was not just in the snow and snowflakes but also in the help and love we shared with each other. Winter in Norway was never the same again because Bjørnar and the winter fairies had filled it with magic and warmth.

And then, when spring came, and the snow began to melt, Bjørnar and the winter fairies danced together one last time before they disappeared, with the promise to return next winter for a new magical snowflake adventure.

Den Lille Isbjørnens Store Eventyr

Det var en gang i Norge, i den kalde vinteren, da snøen dekket landet og fjordene frøs til is. På en liten øy i Nordishavet bodde en ung isbjørn ved navn Lars. Han var liten og nysgjerrig, med et tykt hvitt pels og glitrende blå øyne.

Lars var alltid ivrig etter å utforske verden utenfor hiet sitt. En dag, da den kalde vinden suste over isen, bestemte han seg for å legge ut på sitt eget lille eventyr. Han pakket med seg noen fisk, og med et lett hjerte begynte han reisen sin over det glitrende isdekket.

Mens Lars utforsket, kom han over mange spennende ting. Han møtte en gruppe vennlige selunger som lekte på isen og ble venner med en nysgjerrig sjøfugl ved navn Sara. Sammen utforsket de isøya og dens skatter.

Etter en lang dag med eventyr og lek, fant Lars seg et rolig sted hvor han kunne nyte sin medbrakte fisk. Men som natten falt på, ble det kaldere, og Lars innså at han var langt borte fra hiet sitt. Han begynte å føle seg ensom og redd.

Da kom Sara og selungene til unnsetning. De bygde et lunt skjul av is og steiner og delte maten sin med Lars. De holdt hverandre varme ved å samle seg tett sammen, og Lars forstod hvor viktig det var å ha gode venner i de kalde vintermånedene.

Dagen etter ledet Sara og selungene Lars trygt tilbake til hiet hans. Han takket dem og lovet å besøke dem igjen når vinteren kom tilbake.

Fra den dagen lærte Lars at selv om verden utenfor hiet kunne være skremmende, fantes det alltid venner som kunne hjelpe deg og dele varmen i hjertet ditt.

Og så, når våren kom og isen begynte å smelte, var Lars og vennene hans glade for å vite at de alltid hadde hverandre, uansett hvor langt eventyrene deres tok dem.

The Little Polar Bear's Big Adventure

Once upon a time in Norway, during the cold winter when the snow covered the land and the fjords froze into ice, on a small island in the Arctic Ocean lived a young polar bear named Lars. He was small and curious, with a thick white fur and sparkling blue eyes.

Lars was always eager to explore the world beyond his den. One day, as the cold wind howled across the ice, he decided to embark on his own little adventure. He packed some fish and, with a light heart, began his journey across the glistening ice.

As Lars explored, he came across many exciting things. He met a group of friendly seal pups playing on the ice and became friends with a curious seabird named Sara. Together, they explored the icy island and its treasures.

After a long day of adventure and play, Lars found a quiet spot where he could enjoy his packed fish. But as night fell, it grew colder, and Lars realized he was far from his den. He began to feel lonely and scared.

That's when Sara and the seal pups came to his rescue. They built a cozy shelter of ice and stones and shared their food with Lars. They kept each other warm by huddling close together, and Lars understood the importance of having good friends in the cold winter months.

The next day, Sara and the seal pups safely led Lars back to his den. He thanked them and promised to visit them again when winter returned.

From that day on, Lars learned that even though the world outside the den could be frightening, there were always friends who could help you and share the warmth in your heart.

And so, when spring arrived and the ice began to melt, Lars and his friends were happy to know that they always had each other, no matter how far their adventures took them.

De Magiske Vintervennene

Engang for lenge siden, i en fjern landsby i Norge, lå det en sjarmerende liten hytte omringet av snødekte fjell. I denne hytten bodde en liten jente ved navn Emma, sammen med familien sin. Vinteren hadde lagt sitt hvite teppe over landskapet, og alt rundt dem glitret som diamanter.

Emma elsket vinteren mer enn noe annet. Hun gledet seg alltid til å leke ute i den kalde, klare luften og bygge snømenn. En spesiell ting med denne landsbyen var at den var kjent for å ha magiske vintervenner som kom til liv om natten.

En kveld, da snøfnuggene falt som stjerner fra himmelen, hørte Emma en svak sang utenfor vinduet sitt. Nysgjerrig som hun var, åpnet hun døren forsiktig og oppdaget en gruppe små nisser som lekte i hagen.

Nissene hadde lue og skjerf, og de danset i takt med de fortryllende tonene av måneskinnsmusikk. Emma smilte og klappet i hendene, og nissene tok henne med på en magisk reise gjennom skogen.

De gikk på eventyr sammen, ake ned bratte bakker, og lekte gjemsel bak snøkledde trær. Emma lo så høyt at selv stjernene syntes å skinne klarere. Nissene ga henne en spesiell gave, en liten bjelle, og fortalte henne at hun kunne ringe på den hvis hun noen gang trengte deres hjelp.

Da natten ble til morgen, takket Emma nissene og gikk tilbake til hytten sin. Hun visste at hun hadde opplevd noe helt spesielt. Hun la seg i sengen sin og drømte om vennlige nisser og magiske vinteropplevelser.

I årene som fulgte, besøkte Emma vintervennene sine hver vinter. De hjalp henne med alt fra å finne tapt bagasje til å gjøre hennes vinterbursdagsfest ekstra spesiell. Og hver gang hun ringte på bjellen, var nissene der for å hjelpe.

Så selv når vinteren ga plass til våren, visste Emma at hun aldri var alene. Hun hadde de magiske vintervennene som alltid ville være der for henne, og hun hadde hjertet fullt av takknemlighet for de fantastiske øyeblikkene de hadde delt sammen.

The Magical Winter Friends

Once upon a time, in a distant village in Norway, there was a charming little cottage surrounded by snow-covered mountains. In this cottage lived a little girl named Emma, along with her family. Winter had draped its white blanket over the landscape, and everything around them glistened like diamonds.

Emma loved winter more than anything else. She always looked forward to playing outside in the cold, crisp air and building snowmen. What was special about this village was that it was known for having magical winter friends who came to life at night.

One evening, as snowflakes fell like stars from the sky, Emma heard a faint song outside her window. Curious as she was, she opened the door gently and discovered a group of tiny elves playing in the garden.

The elves wore caps and scarves, and they danced to the enchanting tunes of moonlight music. Emma smiled and clapped her hands, and the elves took her on a magical journey through the forest.

They went on adventures together, sledded down steep hills, and played hide-and-seek behind snow-covered trees. Emma laughed so loudly that even the stars seemed to shine brighter. The elves gave her a special gift, a little bell, and told her that she could ring it if she ever needed their help.

As night turned into morning, Emma thanked the elves and returned to her cottage. She knew she had experienced something truly special. She lay in her bed and dreamed of friendly elves and magical winter adventures.

In the years that followed, Emma visited her winter friends every winter. They helped her with everything from finding lost belongings to making her winter birthday party extra special. And every time she rang the bell, the elves were there to assist.

So even when winter gave way to spring, Emma knew she was never alone. She had the magical winter friends who would always be there for her, and she had a heart full of gratitude for the wonderful moments they had shared together.

Den Lille Snøstjernens Store Reise

Det var en gang i Norge, i en pittoresk landsby omgitt av fjorder og fjell, hvor vintrene var lange og kalde, men likevel magiske. I denne landsbyen bodde en nysgjerrig liten jente ved navn Elin. Hun hadde blonde lokker og øyne som skinte som stjerner på en klar vinterhimmel.

En vinterdag, da snøen falt mykt som dun fra himmelen, fant Elin en liten snøstjerne som hadde falt fra himmelen. Snøstjernen glitret i hennes hånd, og Elin visste med en gang at dette var noe spesielt. Den lille snøstjernen hadde et smil og øyne som glitret med liv.

"Jeg heter Stella," sa snøstjernen. "Jeg kommer fra Stjerneøyene og har reist en lang vei for å be deg om hjelp."

Elin ble forundret. "Hva kan jeg hjelpe deg med, Stella?"

Stella forklarte at Stjerneøyene hadde mistet noe av sin glans og magi, og hun trengte Ellins hjelp for å gjenopplive dem. Hun spurte Elin om å bli med henne på en reise til Stjerneøyene, der de kunne finne den magiske stjernegløden som ville gjenopprette øyenes skjønnhet.

Elin var modig og eventyrlysten, så hun sa ja til å hjelpe Stella. De satte ut på en fantastisk reise sammen, gjennom snødekte skoger og over isdekte innsjøer. De møtte snille skogdyr som hjalp dem på vei, og de sang sanger for å bringe tilbake magien til de dvale Stjerneøyene.

Til slutt, etter mange eventyr og utfordringer, nådde de Stjerneøyene. Der danset de med stjerner, malte himmelen med farger og brakte tilbake den glitrende stjernegløden som hadde gått tapt.

Stella og Elin returnerte til landsbyen, og fra den dagen hadde Stjerneøyene en spesiell plass i alles hjerter. Elin hadde hjulpet med å redde magien i vinteren, og hun hadde fått en ny venn i Stella, snøstjernen fra Stjerneøyene.

Hver gang vinteren kom, så Elin og Stella opp på den stjerneklare himmelen og smilte, for de visste at de hadde delt en uendelig magisk reise sammen, og vinteren i Norge var aldri den samme igjen.

The Little Snowflake's Grand Journey

Once upon a time in Norway, in a picturesque village surrounded by fjords and mountains, where winters were long and cold, yet still magical. In this village lived a curious little girl named Elin. She had blonde locks and eyes that sparkled like stars on a clear winter's night.

One winter day, when the snow fell softly like down from the sky, Elin found a tiny snowflake that had fallen from heaven. The snowflake shimmered in her hand, and Elin knew right away that this was something special. The little snowflake had a smile and eyes that glittered with life.

"My name is Stella," said the snowflake. "I come from the Star Islands and have traveled a long way to ask for your help."

Elin was amazed. "What can I help you with, Stella?"

Stella explained that the Star Islands had lost some of their glow and magic, and she needed Elin's help to revive them. She asked Elin to accompany her on a journey to the Star Islands, where they could find the magical starlight that would restore the islands' beauty.

Elin was brave and adventurous, so she agreed to help Stella. They set out on a fantastic journey together, through snow-covered forests and over icy lakes. They encountered kind woodland animals who assisted them on their way, and they sang songs to bring back the magic to the dormant Star Islands.

Finally, after many adventures and challenges, they reached the Star Islands. There, they danced with the stars, painted the sky with colors, and brought back the glittering starlight that had been lost.

Stella and Elin returned to the village, and from that day on, the Star Islands held a special place in everyone's hearts. Elin had helped save the magic of winter, and she had gained a new friend in Stella, the snowflake from the Star Islands.

Every time winter arrived, Elin and Stella looked up at the starry sky and smiled, for they knew they had shared an endlessly magical journey, and winter in Norway was never the same again.

Julenissen og Den Magiske Julestjernen

En gang for lenge siden, i de dype skogene i Norge, var vinteren kommet. Snøen dekket landskapet, og den kalde vinden blåste gjennom trærne. Det var tiden for jul, og over hele landet var folk opptatt med juleforberedelser.

I en liten hytte dypt inne i skogen bodde en gammel mann ved navn Anders. Han var kjent som Julenissen i landsbyen sin. Hvert år, på julaften, delte han gaver til barna i landsbyen fra sleden sin trukket av reinsdyrene. Men dette året var annerledes. Julenissen hadde en spesiell gave han ønsket å gi, en magisk julestjerne som hadde blitt holdt skjult i mange år.

Julenissen hadde hørt at denne julestjernen hadde makten til å oppfylle ett ønske for den som fant den på julaften. Han hadde bestemt seg for å gi den til en verdig person, men han visste ikke hvem det skulle være.

En kald kveld, mens Julenissen satt ved peisen og tenkte på hvem som skulle få julestjernen, hørte han en forsiktig bankelyd på døren. Da han åpnet døren, fant han en ung jente ved navn Ingrid, som var ute og hadde gått seg vill i skogen.

Julenissen inviterte henne inn og varmet henne med varm kakao. Ingrid fortalte ham om hennes ønske om å hjelpe de fattige og de trengende i landsbyen, spesielt i den kalde vinteren.

Julenissen visste at han hadde funnet den verdige mottakeren av den magiske julestjernen. Han ga stjernen til Ingrid, og øyeblikkelig begynte den å glitre og stråle. Ingrid ønsket at alle i landsbyen skulle ha nok mat, klær og varme i vinter.

Den magiske julestjernen hørte hennes ønske og sprengte i fargerike gnister. Innen morgenen hadde hele landsbyen blitt fylt med gaver og hjelp fra ukjente givere. Alle hadde mat på bordet, varme klær og glede i hjertet sitt.

Ingrid hadde brukt stjernens magi til å spre juleglede og hjelpe de som trengte det mest. Julenissen smilte og visste at han hadde gjort det riktige valget.

Fra den dagen og mange juler fremover, husket folk i landsbyen historien om Julenissen, Den Magiske Julestjernen og den unge jenta som lærte oss alle hva ekte julens ånd handler om: å gi og dele med kjærlighet i hjertet.

Santa Claus and the Magical Christmas Star

Once upon a time, in the deep forests of Norway, winter had arrived. Snow covered the landscape, and the cold wind blew through the trees. It was the time for Christmas, and all over the country, people were busy with their Christmas preparations.

In a little cottage deep in the forest lived an old man named Anders. He was known as Santa Claus in his village. Every year, on Christmas Eve, he would deliver gifts to the children in the village from his sled pulled by reindeer. But this year was different. Santa Claus had a special gift he wanted to give, a magical Christmas star that had been kept hidden for many years.

Santa Claus had heard that this Christmas star had the power to grant one wish to whoever found it on Christmas Eve. He had decided to give it to a worthy person, but he didn't know who that would be.

One cold evening, while Santa Claus sat by the fireplace, thinking about who should receive the Christmas star, he heard a faint knock on the door. When he opened the door, he found a young girl named Ingrid, who had gotten lost in the forest.

Santa Claus invited her in and warmed her with hot cocoa. Ingrid told him about her wish to help the poor and the needy in the village, especially during the cold winter.

Santa Claus knew he had found the deserving recipient of the magical Christmas star. He gave the star to Ingrid, and it immediately began to glitter and shine. Ingrid wished that everyone in the village would have enough food, clothing, and warmth during the winter.

The magical Christmas star heard her wish and burst into colorful sparks. By morning, the entire village had been filled with gifts and assistance from unknown benefactors. Everyone had food on their tables, warm clothes, and joy in their hearts.

Ingrid had used the star's magic to spread Christmas cheer and help those who needed it most. Santa Claus smiled and knew he had made the right choice.

From that day on and for many Christmases to come, the people in the village remembered the story of Santa Claus, the Magical Christmas Star, and the young girl who taught us all what the true spirit of Christmas is about: giving and sharing with love in our hearts.

Snøengelen og Den Magiske Vinterferien

Det var en gang i Norge, en kald vinterdag da snøen lå dyp og myk over landskapet. I en liten landsby ved foten av majestetiske fjell bodde en liten jente ved navn Nora. Nora hadde en spesiell glede i hjertet sitt hver vinter, fordi det var da hennes favoritthendelse fant sted - vinterferien.

Vinterferien i landsbyen var alltid fylt med moro og magi. Det var en tid da barna kunne ta fri fra skolen og delta i ulike vinteraktiviteter. De bygget snømenn, hadde akekonkurranser og gikk på skøyter på den islagte innsjøen.

Men det mest spesielle med vinterferien var snøengelkonkurransen. Hvert år kom barna sammen på en stor, åpen eng, og de lagde sine mest imponerende snøengler. Nora var en mester i å lage snøengler, og hun hadde vunnet konkurransen flere ganger.

Denne vinteren var det ekstra spesielt for Nora, for hun hadde hørt om en mystisk snøengel som skulle dukke opp under vinterferien og spre ekte magi. Folk sa at hvis du var heldig nok til å lage en snøengel ved siden av den mystiske snøengelen, ville du få ønsket ditt oppfylt.

Så Nora bestemte seg for å lage den vakreste snøengelen noensinne ved siden av den mystiske snøengelen. Hun brukte all sin kreativitet og omsorg, og snart lå det to strålende snøengler ved siden av hverandre på den store engen.

Plutselig, da Nora ga snøenglene de siste finishene, skjedde noe utrolig. Den mystiske snøengelen begynte å glitre og stråle i et magisk lys, og en vennlig stemme sa, "Hva er ditt ønske, kjære Nora?"

Nora tenkte nøye og ønsket seg at alle barn i landsbyen skulle ha glede og lykke i løpet av vinterferien. Med et blink av den mystiske snøengelens vinger, ble ønsket hennes oppfylt.

Resten av vinterferien var fylt med smil, latter og glede. Alle barna i landsbyen hadde den beste tiden noensinne, og de visste at det var takket være Nora og den mystiske snøengelen.

Og så, når vinteren forsvant og våren kom, visste Nora at magi alltid kunne finnes når du delte med hjertet ditt og trodde på det ufattelige.

The Snow Angel and the Magical Winter Break

Once upon a time in Norway, on a cold winter day when the snow lay deep and soft across the landscape, in a small village nestled at the foot of majestic mountains, lived a little girl named Nora. Nora held a special joy in her heart every winter because that was when her favorite event took place - the winter break.

Winter break in the village was always filled with fun and magic. It was a time when the children could take a break from school and participate in various winter activities. They built snowmen, had sledding competitions, and went ice skating on the frozen lake.

But the most special part of the winter break was the snow angel competition. Every year, the children gathered on a large, open field, and they created their most impressive snow angels. Nora was a master at making snow angels, and she had won the competition several times.

This winter was extra special for Nora because she had heard about a mysterious snow angel that would appear during the winter break and spread real magic. People said that if you were lucky enough to make a snow angel next to the mysterious snow angel, your wish would come true.

So Nora decided to make the most beautiful snow angel ever next to the mysterious one. She used all her creativity and care, and soon there were two brilliant snow angels side by side on the large field.

Suddenly, as Nora put the finishing touches on the snow angels, something incredible happened. The mysterious snow angel started to sparkle and shine with a magical light, and a friendly voice said, "What is your wish, dear Nora?"

Nora thought carefully and wished that all the children in the village would have joy and happiness during the winter break. With a flick of the mysterious snow angel's wings, her wish came true.

The rest of the winter break was filled with smiles, laughter, and joy. All the children in the village had the best time ever, and they knew it was thanks to Nora and the mysterious snow angel.

And so, when winter disappeared and spring arrived, Nora knew that magic could always be found when you shared from your heart and believed in the unbelievable.

Den Lille Nordlysdrengen

En gang for lenge siden, i en liten hytte i Nord-Norge, lå det en liten gutt ved navn Lars. Lars hadde en stor nysgjerrighet og et enda større hjerte. Han bodde i nærheten av en liten fjord omgitt av snøkledde fjell og vilt, iskaldt hav.

Om vinteren ventet Lars alltid spent på den vakre nordlyset som danset over himmelen som levende fargerike draperier. Han visste at nordlyset var magisk og at det skjulte hemmeligheter som ingen kunne forstå.

En kald desemberkveld, da snøen lå dyp og knirkefri, bestemte Lars seg for å gå på en reise. Han pakket en liten ryggsekk med varme klær og noen små matvarer og bega seg ut i den mørke natten. Han hadde hørt historier om en mystisk skog hvor nordlysets hemmeligheter skulle avsløres.

Etter timer med vandring gjennom snødekte skoger, kom Lars til skogen han hadde hørt om. Der, mellom de høye trærne, så han et svakt lys som pulserte som nordlyset selv. Lars fulgte lyset og kom til en glitrende innsjø midt i skogen.

Ved innsjøen sto det en vakker kvinne laget av ren is, kledd i en drakt som glitret som nordlyset. Hun var Nordlysprinsessen, og hun hadde ventet på Lars. Hun forklarte at nordlyset var et magisk speil som kunne vise deg ditt innerste ønske.

Lars tenkte nøye og ba om at landsbyen hans skulle få tilbake lyset og varmen som vinteren hadde tatt fra dem.

Nordlysprinsessen smilte og viste Lars inn i innsjøens overflate, hvor han så sitt ønske bli reflektert som en glitrende stjerne.

Med et takk og et løfte om å besøke Nordlysprinsessen igjen, returnerte Lars til landsbyen sin. Der, som om magi, begynte nordlyset å danse med en ny glans, og landsbyen var fylt med varme og glede.

Lars forstod nå at selv i den kaldeste vinteren kunne hjertene våre varme hverandre. Og hver gang han så på nordlyset, husket han sin magiske reise og den vakre Nordlysprinsessen.

The Little Northern Lights Boy

———

Once upon a time, in a small cottage in Northern Norway, there lived a little boy named Lars. Lars had a great curiosity and an even greater heart. He lived near a small fjord surrounded by snow-covered mountains and a wild, icy sea.

During the winter, Lars always eagerly awaited the beautiful Northern Lights that danced across the sky like living, colorful curtains. He knew that the Northern Lights were magical and held secrets that no one could fully understand.

One cold December night, when the snow lay deep and crisp, Lars decided to embark on a journey. He packed a small backpack with warm clothes and some provisions and set out into the dark night. He had heard stories of a mysterious forest where the secrets of the Northern Lights would be revealed.

After hours of trekking through snow-covered forests, Lars reached the forest he had heard about. There, amidst the tall trees, he saw a faint light pulsating like the Northern Lights themselves. Lars followed the light and arrived at a glittering lake in the heart of the forest.

By the lake stood a beautiful woman made of pure ice, dressed in a gown that sparkled like the Northern Lights. She was the Northern Lights Princess, and she had been waiting for Lars. She explained that the Northern Lights were a magical mirror that could reveal your deepest wish.

Lars thought carefully and wished that his village would regain the light and warmth that winter had taken from them. The Northern Lights Princess smiled and invited Lars to look into the surface of the lake, where he saw his wish reflected as a sparkling star.

With a thank you and a promise to visit the Northern Lights Princess again, Lars returned to his village. There, as if by magic, the Northern Lights began to dance with a new radiance, and the village was filled with warmth and joy.

Lars now understood that even in the coldest of winters, our hearts could warm each other. And every time he looked at the Northern Lights, he remembered his magical journey and the beautiful Northern Lights Princess.

Den Eventyrlige Reisen til Snebjørnen

En gang for lenge siden i Norge, midt i den kaldeste og mest snørike delen av vinteren, lå det en liten landsby omgitt av majestetiske fjell og iskledde innsjøer. I denne landsbyen bodde en nysgjerrig og modig jente ved navn Amalie. Hun hadde glitrende blå øyne og håret så blondt som vinterens solskinn.

Amalie elsket vinteren mer enn noe annet. Hun gledet seg alltid til å bygge snømenn, ake ned bakker og gå på skøyter på innsjøen. Men det var én ting hun drømte om mer enn noe annet - å møte en ekte snebjørn.

Snebjørnene var mytiske skapninger som var kjent for å leve langt inne i de dypeste skogene i Norge. De var hvite som den ferske snøen og hadde gnistrende blå øyne som iskrystaller. Folk i landsbyen snakket om dem som voktere av vinterens magi.

En vakker vinterdag, da solen skinte på den skinnende snøen, bestemte Amalie seg for å legge ut på en eventyrlig reise for å finne en snebjørn. Hun pakket en liten sekk med mat og klær, kysset foreldrene farvel og bega seg inn i den dype skogen.

Dagene gikk, og Amalie vandret dypere inn i skogen, møtte vennlige skogdyr og overvant utfordringer. Til slutt, etter mange dagers reise, kom hun til et skjult rike hvor snebjørnene levde.

Der møtte hun en vennlig snebjørn ved navn Bjørna. Bjørna var stor, hvit og majestetisk. Hun hadde det samme glimtet i øynene som Amalie hadde drømt om. Bjørna viste Amalie rundt i sitt vakre rike og lærte henne om vinterens magi.

Amalie tilbrakte flere dager sammen med Bjørna og de andre snebjørnene, og hun lærte å forstå og respektere vinterens skjønnhet og kraft. Til slutt, da det var tid for Amalie å reise tilbake til landsbyen, gav Bjørna henne en gave - en gnistrende snøkrystall som ville minne henne om det eventyret for alltid.

Amalie vendte hjem med et hjerte fylt av takknemlighet og en ny forståelse for vinterens magi. Hun hadde funnet det hun søkte etter og lært at ekte eventyr kan føre til dype opplevelser og vennskap som varer livet ut.

The Adventurous Journey of the Snow Bear

Once upon a time in Norway, in the midst of the coldest and snowiest part of winter, there lay a small village surrounded by majestic mountains and ice-covered lakes. In this village lived a curious and brave girl named Amalie. She had sparkling blue eyes and hair as blond as winter sunshine.

Amalie loved winter more than anything else. She always looked forward to building snowmen, sledding down hills, and ice skating on the lake. But there was one thing she dreamed of more than anything else - meeting a real snow bear.

Snow bears were mythical creatures known to live deep in the deepest forests of Norway. They were as white as fresh snow and had sparkling blue eyes like ice crystals. People in the village talked about them as guardians of winter's magic.

One beautiful winter day, with the sun shining on the glistening snow, Amalie decided to embark on an adventurous journey to find a snow bear. She packed a small bag with food and clothes, kissed her parents goodbye, and ventured into the deep forest.

Days passed, and Amalie ventured deeper into the forest, encountering friendly woodland animals and overcoming challenges. Finally, after many days of travel, she arrived in a hidden realm where snow bears lived.

There, she met a friendly snow bear named Bjørna. Bjørna was large, white, and majestic. She had the same sparkle in her eyes that Amalie had dreamed of. Bjørna showed Amalie around her beautiful realm and taught her about the magic of winter.

Amalie spent several days with Bjørna and the other snow bears, learning to appreciate and respect the beauty and power of winter. Finally, when it was time for Amalie to return to the village, Bjørna gave her a gift - a sparkling snowflake that would remind her of the adventure forever.

Amalie returned home with a heart full of gratitude and a newfound understanding of the magic of winter. She had found what she had been searching for and learned that real adventures can lead to profound experiences and friendships that last a lifetime.

Mira og Den Magiske Vinterreisen

En gang for lenge siden, i en liten landsby i Norge, lå det en magisk skog omgitt av snødekte fjell. Vinteren hadde kommet tidlig, og alt rundt var dekket av et tykt lag med hvit snø. I denne landsbyen bodde en nysgjerrig liten jente ved navn Mira. Mira hadde krøllete brunt hår og øyne som glitret som stjerner på en klar vinternatt.

Mira elsket vinteren mer enn noe annet. Hun gledet seg alltid til å leke i den kalde, knirkende snøen og utforske skogen bak huset sitt. Men denne vinteren hadde hun hørt om en magisk reise som ingen hadde turt å prøve før.

Det var en legende som gikk i landsbyen om den gamle snømannen som levde i de dypeste delene av skogen. Snømannen ble sagt å ha en magisk stjerne som kunne oppfylle et hvilket som helst ønske. Men for å få tak i stjernen, måtte noen våge seg inn i den kalde og mystiske skogen og finne snømannen.

Mira bestemte seg for å ta utfordringen. Hun pakket en liten ryggsekk med mat og en varm ullgenser, ga foreldrene sine en klem og bega seg ut på reisen. Skogen var tyst, bortsett fra den knirkende snøen under føttene hennes.

Dagene gikk, og Mira vandret dypere og dypere inn i skogen. Hun møtte på vennlige skogdyr som hjalp henne på vei, og hun sang sanger for å holde motet oppe. Til slutt, etter mange eventyr og utfordringer, kom hun til et klartingssted midt i skogen.

Der, ved foten av et stort tre, sto den gamle snømannen. Han hadde en vennlig glød i øynene og en gnistrende stjerne i hånden sin. Mira spurte forsiktig om hun kunne få stjernen og forklarte sitt ønske om at alle barn i landsbyen skulle ha en lykkelig vinter.

Snømannen smilte og ga Mira stjernen. I det øyeblikket begynte stjernen å skinne som aldri før, og snømannen sa: "Ditt ønske er hørt, kjære Mira."

Med stjernen trygt i lommen returnerte Mira til landsbyen. Der oppdaget hun at magien hadde skjedd. Alle barna i landsbyen var glade, og det var lys og latter overalt.

Mira hadde gjort vinteren ekstra spesiell for alle. Hun visste nå at ekte magi lå i vennlighet og motet til å følge hjertet sitt. Og hver gang hun så opp på stjernene på den klare vinterhimmelen, visste hun at hun hadde deltatt i en magisk reise som ville huskes for alltid.

Mira and the Magical Winter Journey

Once upon a time, in a small village in Norway, there was a magical forest surrounded by snow-covered mountains. Winter had arrived early, and everything was blanketed in thick white snow. In this village lived a curious little girl named Mira. Mira had curly brown hair and eyes that sparkled like stars on a clear winter night.

Mira loved winter more than anything else. She always looked forward to playing in the cold, crunchy snow and exploring the forest behind her house. But this winter, she had heard of a magical journey that no one had dared to try before.

There was a legend in the village about the old snowman who lived in the deepest parts of the forest. The snowman was said to have a magical star that could grant any wish. But to obtain the star, someone had to venture into the cold and mysterious forest and find the snowman.

Mira decided to take on the challenge. She packed a small backpack with food and a warm sweater, gave her parents a hug, and set off on the journey. The forest was silent, except for the crunching of the snow beneath her feet.

Days passed, and Mira ventured deeper and deeper into the forest. She encountered friendly woodland animals who helped her on her way, and she sang songs to keep her spirits up. Finally, after many adventures and challenges, she arrived at a clearing in the middle of the forest.

There, at the base of a tall tree, stood the old snowman. He had a friendly glow in his eyes and a sparkling star in his hand. Mira asked politely if she could have the star and explained her wish that all the children in the village would have a happy winter.

The snowman smiled and gave Mira the star. In that moment, the star began to shine brighter than ever, and the snowman said, "Your wish is heard, dear Mira."

With the star safely in her pocket, Mira returned to the village. There, she discovered that magic had indeed occurred. All the children in the village were happy, and there was light and laughter everywhere.

Mira had made winter extra special for everyone. She now knew that true magic lay in kindness and the courage to follow one's heart. And every time she looked up at the stars in the clear winter sky, she knew she had participated in a magical journey that would be remembered forever.

Lille Pål og Isbjørnen i Norges Vinterland

En gang i en fjern og frostig del av Norge, der snøen dekket alt i et hvitt teppe, bodde det en liten gutt ved navn Pål. Pål bodde i en koselig hytte med utsikt over et iskaldt fjordlandskap. Han hadde blå øyne som glitret som iskrystaller og en nysgjerrig natur som var like stor som de omkringliggende fjellene.

Vinteren var kommet, og landskapet rundt hytta var forvandlet til et eventyrland. Pål elsket vinteren mer enn noe annet. Han likte å ake ned de snødekte bakkene og lage snømenn som smilte lurt til ham.

Men det Pål ønsket mest av alt, var å se en ekte isbjørn. Han hadde hørt historier om majestetiske isbjørner som vandret langs iskanten og var voktere av vinterens magi. Pål drømte om å se en isbjørn med egne øyne.

En kald og stjerneklar natt, mens Pål satt ved vinduet og stirret ut på det snødekte landskapet, fikk han en idé. Han bestemte seg for å dra på en reise for å møte isbjørnen. Han kledde seg i varme klær, pakkede en sekk med mat og la ut på den eventyrlige reisen sin.

På reisen sin gjennom den kalde vinteren, møtte Pål mange dyr som hjalp ham med å finne veien til isbjørnenes rike. Han måtte krysse islagte innsjøer og vandre gjennom tett skog, men han ga aldri opp.

Til slutt, etter mange dagers reise, kom Pål til isbjørnenes rike. Der, ved iskanten, så han en majestetisk isbjørn som sto og så utover havet. Isbjørnen hadde store, hvite labber og et vennlig blikk.

Pål gikk forsiktig nærmere, og isbjørnen snudde seg mot ham. De to stirret på hverandre, og Pål følte en dyp forbindelse med dette majestetiske dyret. Han forsto nå hvor viktig det var å beskytte naturen og de fantastiske skapningene som lever der.

Etter en stund snudde isbjørnen seg og gikk tilbake mot isen. Pål visste at han hadde fått oppleve noe helt spesielt denne vinterdagen. Han vendte tilbake til hytta med et hjerte fullt av takknemlighet for vinterens magi og en ny forståelse av den vakre naturen i Norge.

Fra den dagen ble Pål kjent som "Isbjørnens Venn," og han fortalte historien om møtet sitt med isbjørnen til alle i landsbyen. Vinteren i Norge ble aldri den samme igjen, for alle visste at magi kunne finnes når man våger å utforske verden rundt seg.

Little Pål and the Polar Bear in Norway's Winter Wonderland

Once in a distant and frosty part of Norway, where the snow covered everything in a white blanket, lived a little boy named Pål. Pål lived in a cozy cottage overlooking an icy fjord landscape. He had blue eyes that sparkled like ice crystals and a curious nature as vast as the surrounding mountains.

Winter had arrived, and the landscape around the cottage had transformed into a wonderland. Pål loved winter more than anything else. He enjoyed sledding down the snow-covered hills and building snowmen that smiled mischievously at him.

But what Pål wished for more than anything was to see a real polar bear. He had heard stories of majestic polar bears that roamed along the ice edge and were guardians of winter's magic. Pål dreamt of seeing a polar bear with his own eyes.

On a cold and starry night, while Pål sat by the window gazing at the snowy landscape, he got an idea. He decided to embark on a journey to meet the polar bear. He dressed in warm clothes, packed a bag with food, and set out on his adventurous journey.

During his journey through the cold winter, Pål encountered many animals that helped him find his way to the realm of the polar bears. He had to cross frozen lakes and wander through dense forests, but he never gave up.

Finally, after many days of travel, Pål arrived at the realm of the polar bears. There, at the ice edge, he saw a majestic polar bear standing and looking out over the sea. The polar bear had large, white paws and a friendly gaze.

Pål approached cautiously, and the polar bear turned to him. The two stared at each other, and Pål felt a deep connection with this majestic creature. He now understood how important it was to protect nature and the amazing creatures that live within it.

After a while, the polar bear turned and walked back toward the ice. Pål knew that he had experienced something truly special on this winter day. He returned to his cottage with a heart full of gratitude for the magic of winter and a newfound appreciation for Norway's beautiful nature.

From that day on, Pål became known as "The Polar Bear's Friend," and he shared the story of his encounter with the polar bear with everyone in the village. Winter in Norway was never the same again, for everyone knew that magic could be found when you dared to explore the world around you.

Lille Emma og Den Forsvunne Vintergleden

Det var en gang i en søvnig norsk landsby, hvor vinteren hadde innhyllet alt i sitt kalde omfavnelse. Snøen hadde lagt seg som et tykt teppe over landskapet, og kulden hadde fått selv de sterkeste trærne til å hvile. I denne landsbyen bodde en liten jente ved navn Emma. Hun hadde et lyst smil og var kjent for sitt gode humør.

Men denne vinteren var noe annerledes. Emma hadde alltid elsket vinteren og gledet seg til å lage snøengler, gå på skøyter og bygge snømenn. Men i år følte hun at noe manglet. Hun følte at vintergleden hadde forsvunnet fra landsbyen.

Emma bestemte seg for å finne ut hvor vintergleden hadde tatt veien. Hun begynte sitt eventyr ved å gå langs de frosne innsjøene og gjennom de stille skogene. Hun pratet med de gamle trærne og lyttet til vindens viskninger, men hun fant ingen spor av vintergleden.

Etter mange dagers leting kom Emma til en skogkant, hvor hun møtte en eldgammel elg med majestetiske horn. Elgen sa at han hadde hørt om en mystisk skapning som het "Vintergleden" som pleide å besøke landsbyen hvert år og spre glede og latter.

Emma bestemte seg for å følge elgens råd og satte kursen mot de dypeste delene av skogen. Der, under et snøkledd tre, fant hun en liten, skinnende krystall som glitret som is. Det var

Vintergleden, en skapning som lignet en liten, glitrende alv med isblå øyne.

Vintergleden var trist og sa at den hadde blitt glemt av landsbyens folk, og derfor hadde gleden forsvunnet. Emma forsto at hun måtte hjelpe Vintergleden å komme tilbake til landsbyen. Sammen laget de vakre isfigurer, arrangerte akekonkurranser og danset under stjernene.

Snart begynte folk i landsbyen å merke at gleden og latteren var tilbake. De begynte å bygge snømenn og ha snøballkriger, og landsbyen var fylt med liv og smil.

Emma hadde lært en viktig leksjon om å verdsette vintergleden og sørge for at den aldri ble glemt igjen. Og selv når vinteren ble til vår, visste alle at gleden alltid kunne bli funnet hvis man lette etter den med hjertet sitt.

Little Emma and the Lost Winter Joy

Once upon a time in a sleepy Norwegian village, winter had wrapped everything in its cold embrace. Snow had settled like a thick blanket over the landscape, and the chill had even caused the mightiest trees to rest. In this village lived a little girl named Emma. She had a bright smile and was known for her cheerful spirit.

But this winter was different. Emma had always loved winter and looked forward to making snow angels, ice skating, and building snowmen. But this year, she felt like something was missing. She felt that the winter joy had disappeared from the village.

Emma decided to find out where the winter joy had gone. She began her adventure by walking along the frozen lakes and through the quiet forests. She talked to the ancient trees and listened to the whispers of the wind, but she found no traces of the winter joy.

After many days of searching, Emma reached a forest edge, where she met an ancient elk with majestic antlers. The elk said he had heard of a mysterious creature called "Winter Joy" that used to visit the village every year and spread joy and laughter.

Emma decided to follow the elk's advice and headed for the deepest parts of the forest. There, under a snow-covered tree, she found a small, shining crystal that sparkled like ice. It was Winter Joy, a creature resembling a tiny, glittering elf with ice-blue eyes.

Winter Joy was sad and said it had been forgotten by the village's people, and that's why the joy had disappeared. Emma understood that she had to help Winter Joy return to the village. Together, they created beautiful ice sculptures, organized sledding competitions, and danced under the stars.

Soon, people in the village began to notice that the joy and laughter had returned. They started building snowmen and having snowball fights, and the village was filled with life and smiles.

Emma had learned an important lesson about valuing winter joy and making sure it was never forgotten. And even as winter turned to spring, everyone knew that joy could always be found if you searched for it with your heart.

Sofie og Snømysteriet

En gang i en koselig norsk by ved fjorden, hvor vinteren hadde kastet et hvitt teppe over landskapet, bodde det en nysgjerrig liten jente ved navn Sofie. Sofie hadde blonde fletter og øyne så blå som isen på fjorden. Hun elsket vinteren mer enn noe annet.

Hver dag etter skolen, løp Sofie til skogkanten like ved huset sitt. Hun visste at skogen skjulte mange hemmeligheter, spesielt om vinteren. Denne vinteren hadde imidlertid noe mystisk skjedd. Snøen hadde blitt borte.

Sofie kunne ikke forstå hvor snøen hadde tatt veien. Hun visste at det måtte være noe som hadde skjedd i skogen, så hun bestemte seg for å finne ut av det. Hun tok på seg sin varmeste lue og ullsokker, pakkede en ryggsekk med mat og satte av gårde.

I skogen oppdaget Sofie et spor som ledet henne dypere inn i trærne. Hun fulgte sporet til hun kom til en klar glinsende innsjø midt i skogen. Der, ved innsjøen, stod det en snøengel som glitret i det kalde lyset.

Snøengelen var like forundret som Sofie over at snøen hadde forsvunnet. De to bestemte seg for å løse mysteriet sammen. De utforsket innsjøen og snakket med dyrene i skogen, som hadde merket at noe var galt.

Til slutt, dypt inne i skogen, fant de en stor, sovende bjørn som så ut til å være ansvarlig for å ha tatt vinterens snø for seg selv.

Sofie og snøengelen snakket forsiktig med bjørnen og forklarte at snøen måtte deles med alle i byen.

Bjørnen våknet og så på dem med vennlige øyne. Den forstod at den hadde tatt for mye snø for seg selv. Sammen med Sofie og snøengelen returnerte bjørnen til innsjøen og slapp snøen fri, og den begynte å falle i byen igjen.

Sofie og snøengelen gikk tilbake til byen med et smil, og de visste at vinteren var reddet. Nå kunne alle glede seg over snøens magi, takket være Sofies tapperhet og deres nye venn, bjørnen.

Sofie and the Snow Mystery

Once in a cozy Norwegian town by the fjord, where winter had thrown a white blanket over the landscape, lived a curious little girl named Sofie. Sofie had blonde braids and eyes as blue as the ice on the fjord. She loved winter more than anything else.

Every day after school, Sofie ran to the edge of the forest near her house. She knew that the forest held many secrets, especially in the winter. However, something mysterious had happened this winter. The snow had disappeared.

Sofie couldn't understand where the snow had gone. She knew there must be something happening in the forest, so she decided to find out. She put on her warmest hat and woolen socks, packed a backpack with food, and set off.

In the forest, Sofie discovered a trail that led her deeper into the trees. She followed the trail until she reached a clear, glistening lake in the middle of the forest. There, by the lake, stood a snow angel that shimmered in the cold light.

The snow angel was as puzzled as Sofie about the disappearance of the snow. The two of them decided to solve the mystery together. They explored the lake and talked to the animals in the forest, who had noticed that something was amiss.

Finally, deep in the forest, they found a large, sleeping bear that seemed to be responsible for taking the winter's snow for itself.

Sofie and the snow angel spoke gently to the bear and explained that the snow needed to be shared with everyone in the town.

The bear woke up and looked at them with friendly eyes. It understood that it had taken too much snow for itself. Together with Sofie and the snow angel, the bear returned to the lake and released the snow, and it began to fall in the town again.

Sofie and the snow angel returned to the town with a smile, knowing that winter was saved. Now everyone could enjoy the magic of the snow, thanks to Sofie's bravery and their new friend, the bear.

Emil og Det Magiske Skiløpet

En gang i en vakker norsk dal, der vinteren hadde kledd landskapet i et hvitt teppe, bodde det en livlig liten gutt ved navn Emil. Emil hadde krøllete rødt hår og øyne som glitret som iskrystaller. Han var alltid klar for nye eventyr.

Hver vinter gledet Emil seg mest til det årlige skiløpet som fant sted i landsbyen. Det var en spennende hendelse der barna i dalen konkurrerte om hvem som kunne gå på ski raskest ned den bratte bakken. Det var også en skattjakt med flotte premier skjult i skogen.

Men dette året var annerledes. Vinteren hadde kommet tidlig, og det var uvanlig mye snø i dalen. Skiløpet og skattjakten var i fare. Emil bestemte seg for å redde vintergleden for hele dalen.

Han gikk til skogen, hvor han visste at han ville finne hjelp. Der møtte han et vennlig skogsdyr ved navn Luna, en snøugle med hvit fjærdrakt og kloke øyne. Luna hadde bodd i skogen i mange år og kjente hemmelighetene til vinteren.

Luna forklarte for Emil at han måtte finne den magiske vinterstjernen, som ville hjelpe med å bringe tilbake vintergleden. Sammen satte de ut på en reise gjennom den dype skogen, hvor de overvant utfordringer og lærte om vinterens magi.

Til slutt, etter mange eventyr, fant Emil og Luna den magiske vinterstjernen som glitret som en diamant i snøen. De tok den med tilbake til dalen og plasserte den på toppen av skibakken. Stjernen lyste opp som en fyrverkeri og ga nytt liv til skiløpet og skattjakten.

Barna i dalen jublet av glede da de så stjernens magi, og skiløpet ble en suksess. Alle fant flotte premier i skogen, og vintergleden var gjenopprettet.

Emil og Luna hadde reddet vinteren i dalen, og de visste at magien alltid kunne bli funnet når man deler den med venner og holder vintergleden i hjertet.

Emil and the Magical Ski Race

Once in a beautiful Norwegian valley, where winter had dressed the landscape in a white blanket, lived a lively little boy named Emil. Emil had curly red hair and eyes that sparkled like ice crystals. He was always ready for new adventures.

Every winter, Emil looked forward to the annual ski race that took place in the village. It was an exciting event where the children in the valley competed to see who could ski the fastest down the steep hill. There was also a treasure hunt with fantastic prizes hidden in the forest.

But this year was different. Winter had come early, and there was an unusually large amount of snow in the valley. The ski race and the treasure hunt were in jeopardy. Emil decided to save the winter joy for the entire valley.

He went into the forest, where he knew he would find help. There, he met a friendly woodland creature named Luna, a snowy owl with white feathers and wise eyes. Luna had lived in the forest for many years and knew the secrets of winter.

Luna explained to Emil that he needed to find the magical winter star, which would help bring back the winter joy. Together, they embarked on a journey through the deep forest, overcoming challenges and learning about the magic of winter.

Finally, after many adventures, Emil and Luna found the magical winter star, which glittered like a diamond in the snow. They brought it back to the valley and placed it at the top of the ski hill. The star lit up like fireworks and breathed new life into the ski race and the treasure hunt.

The children in the valley cheered with joy when they saw the star's magic, and the ski race was a success. Everyone found fantastic prizes in the forest, and the winter joy was restored.

Emil and Luna had saved the winter in the valley, and they knew that magic could always be found when shared with friends and when keeping the winter joy in their hearts.